JN411911

나는 건설기술자다

심지시선 054

나는 건설기술자다

2025년 5월 30일 초판 1쇄 발행

지은이 정진명
펴낸이 윤영진
기획편집 함순례
홍 보 한천규
펴낸곳 도서출판 심지
등록 제 2003-000014호
주소 34570 대전광역시 동구 대전천북로 12
전화 042 635 9942
팩스 042 635 9941
전자우편 simji42@daum.net

ISBN 978-89-6627-268-6 03810

심지시선 054

나는 건설기술자다

정진명 시집

시인의 말

어느 곳에 서 있든, 머물렀던 자리에는
고마움과 배려, 함께했던 사람들이 떠오릅니다.

그리움을 생각하며, 가슴 깊은 울림으로
조각조각 써온 글들을
한 권의 시집으로 엮을 수 있어 행복합니다.

밝고 슬기로운 웃음이
가득하길 바랍니다.

2025년 봄날에

정진명

차례

2부

3부

4부

〈일러두기〉

*본문에서 〉는 '단락 공백 표시'로 한 연이 새로 시작된다는 표시이다.

1부

옹달샘

깔딱고개 바위 틈
목마름 해소하라고 채워둔 샘물

바라만 봐선 해소되지 않는다
서로 붙잡고 함께 마셔야
갈증도 메마른 마음도 적실 수 있다

힘든 발걸음 멈추고
생명수 같은 샘물을 나눠마신다
시원한 웃음소리에 산새가 화답하고

다시 맑은 샘물이 고인다
가득 차면 흘려보내는 지혜

우리의 길도 사랑도
그렇게 깊어간다

나는 건설기술자다

아침 햇살이 번져오기 전
나는 일터로 간다

내 직장은 건설현장
세상이 변해도 변하지 않는 것

허허벌판에서 시작된 터전
종합예술로 만들기 위해
층층 쌓아올린 건축물
내 손끝의 흔적

자연의 멋과 편안함 담아
정원을 꾸며 친환경 단지로 완성되면
울림과 감동을 주는
집이 되겠지

이곳에 살 사람들 그리며

혼을 바쳐 정성을 다한다

내 가족의 행복
나의 꿈도
한 장 한 장 쌓아 올린다

걷는다

걷는다, 혼자 걷는다
마땅히 갈 곳도 없으면서 나선다
외롭고 고독한 길
휘몰아치는 바람 맞으며
고개 숙인 채 걷는다

냇가 물소리
고달픈 하소연 들었나
어깨 두드려주고 친구하자며
노래 불러준다
회오리 바람에 떨어진 나뭇잎도
슬퍼하지 말라고 한다

파란만장한 삶
드러내놓고 살지는 못해도
무언가 얻은 게 있었다고,
가쁜 숨 몰아쉬며 오르는 언덕길도

내려올 때는 좀 더 편안할 거라고

또 언젠가는
함께 걷는 누군가 있겠지
혼자보다는 같이 있다는 행복 찾아서
오늘도 걷는다

자전거 타는 길

맑은 하늘 아름답고
하얀 구름 듬성듬성 흐르네
밝은 빛과 고운 자태
이 모습 참 곱구나

갑천과 금강이 만나
아름다운 물결 이루는
자연의 섭리는 참 오묘하네

자전거를 타고 달리며
바람과 숨결을 나누네
숨이 벅차오를수록
기쁨은 커지고

돌아오는 길목엔
청둥오리 떼 물속을 헤매고
진초록 야생화들 지천으로 피었네

〉

쉬어 가며 마시는 물 한 모금
온몸을 적시는 시원함
그리고 목표만큼 달려온 기쁨이
또다시 달리게 하네

흔적

무슨 일이 그리도 많아
빗속을 뚫고 가려 합니까

내가 하지 않으면
누군가 도와줄 인연이 있을 텐데

소나무 숲 사이로
번쩍이는 번개를 뚫고 가려 합니까

두려움보다
걸어가야 할 길이 더 큰가요

고개 숙인 채 헤매는
고달픈 길

몸속 깊숙이 젖어오는 건
빗물이 아닌가요

〉

지친 마음 위로하는

따뜻한 손길을 찾습니까

눈꽃

바람 불고 추위가 닥쳐도
꽃꽃하게 핀 설화

간밤 내린 눈송이는
달님이 흘린 눈물일까

아니면 별님들이 오줌 마려워
쏟아낸 반짝반짝 꽃가루일까

봄비

앙상하게 마른 채
바람 휩쓸려 꺾어질 듯 초라한 나뭇가지에
봄을 속삭이는 비가 내린다

봄여름가을겨울
희로애락 돌고 돌아서
다시 새순 틔우려 몸을 뒤척인다

빗속에서 꽃망울 틔우며
푸른 청춘 시작하려고 고개 내민 자태

강변길 걷다가
웅크리고 앉아 얽히고설킨 덤불 헤쳐준다
따뜻한 숨길을 열어준다

둥근 달

어린 시절에는 빵떡을 좋아했습니다
엄니는 자식들 밥 굶기지 않으려고
낮에는 일터 나가 일만 하시다가
늦은 밤 호롱불 아래선
구멍 난 양말 뒤꿈치를 꿰매 주셨지요

둥근 달처럼 동그랗게 자른 헌 천 조각
바늘 끝에 걸린 실이
엄니 손에서 반짝였습니다

단벌 꼬맹이가
물 때 묻은 바지를 입고 뛰어다니다
넘어져 무릎이며 엉덩이에 구멍을 내도
꾸중 없이 다시 호롱불 밑에서
빵떡처럼 덧대어 주셨지요

지금 생각하면

우주만큼이나 선하고 짠한 풍경
바늘이 지나간 자리마다
고운 꽃이 피던 시절

이젠 하늘나라에서 내려다보며
잘 살라 일러 주시는 엄니
꿈속에서 만나는 그 얼굴이

하얀 눈 내린 오늘
유난히 더 그립고 보고 싶어
눈시울이 붉어지는 밤입니다

숯검댕이

초등학교 때
천안 성환 목장으로 소풍 간다고
완행열차 찻값을 달라고
길 위에서 울고불고했던 날

돈이 없는 어머니
막무가내로 졸라대는 나를 보며
마음이 숯검댕이처럼 타들어갔을 테죠

환갑이 훌쩍 넘은 나
그 시절 떠올리면 아프고
아파요

하지만 독한 가난에
그을린 채 검은 숯덩이가 되지 않도록
지금의 나를 키워낸 것도
어머니입니다

〉

나이가 들수록

더욱 그립고 그리운

어머니

삶

물 흐르듯 가는 인생살이는 없다
골짜기 돌부리 부딪쳐
피멍이 든 굴곡진 삶도 있다

넓은 바다에 닿을 때까지
험난한 세월 숨 가쁜 날들
아픔 숨기고 걸어왔다

평온한 숲 속에서 사랑을 했고
지칠 때마다 원망의 눈물
가슴속으로 깊이 삼켰다

아무리 힘든 때라도
소달구지 끌던 농부처럼
결실을 기다리는 기쁨이 있었으니

외롭고 지칠 때

그림자처럼 내 곁을 지켜준 사람
그 따뜻한 위로 속에서 나는 행복을 노래했다

고통 없는 행복은 없다
혹독한 겨울을 견딘 나무가
봄날 새순을 띄우듯

무서운 밤과 바람, 폭풍우를 이겨낸
사과나무 열매가 더 붉듯이

살다가 지치면

뒤엉킨 넝쿨도
한 줄기만 바라보고 산다는데
가난했던 역경을 넘고 넘으며
애잔함도 서러움도 이겨냈던 우리
서로 바라보며 미소 지읍시다

고단했던 삶의 여정
애가 타는 목마름의 계절에도
불꽃처럼 행복했다고
우리만의 음악이 흐르는
향연이었다고

뒤돌아보며 삽시다
기쁨도 눈물도 생의 영양분
사랑할 수 있을 때
사랑하다가

혹여 긴 터널 속으로 여행을 가시면
이 생애보다는 더 다독이고 칭찬하며
아름다운 별빛 세상에서
밝게 삽시다

삶의 조각

나의 과거는
말하기 쉽지 않아

돌이켜 보면
가슴 저린 사연들만 가득했지
험난한 길
숨기고 살아야 했던 슬픔
굽이진 길도 반듯하게 만들려 했던 집념

아무도 모르게 마음 다잡고
방황의 시간도 견뎌냈지

뒤돌아보면 아쉬워
더 따뜻하게 안아주지 못한 날들
산산이 조각난 순간들
아집과 고집은 삶의 방식이 되어
동행한 이들에게 상처를 남겼지만

〉

살아보니

굽은 길 끝에도 곧은길이 있더라

수선화

서산시 운산면 고택 뒤편의 꽃밭
적송 아래 진초록 잎 사이로
노란 물결 일렁인다

가까이서 보면
흰꽃 머금은 꽃잎
노랗게 타오르는 꽃술 깊숙이 숨긴 채
수줍은 듯 몸을 낮춘다

내 마음을 읽은 듯
하늘을 올려다보지 않고
먼 곳만 바라보는
순박하고 고귀한 숨결

내 마음을 정화시키는
봄의 신비
희망을 노래한다

새순

나뭇가지 전지해
잘록해진 나무에 새순이 튼다

솜털 같은 연둣빛
부드럽고 여린 모습이 안쓰럽다

바람, 눈, 비, 햇빛
몸으로 부딪치며 자란다

시간이 흐르면
단단한 나뭇가지 되듯
우리네 인생도 자연과 닮았다

무성한 잎과 풍성한 열매
우리 자식들도 그렇게 자랐다

현무암

바닷바람과 거센 물살
살 속을 파고 들어와
내 가슴에
크고 작은 구멍 숭숭 만들어 놓았네

그 상처들 아픔이 아닌
자연의 흔적으로 바뀌기까지
많은 눈물과 인고의 세월이 흘렀네

더 독한 파도가 덮쳐 와도
이제는 단단해져
중후한 모습으로 코트 깃 세우고
눈보라 맞으러 마중 나가네

발걸음 닿은 곳에서 다독이는
꿈결 같은 우리의 사랑
부딪치지 말고 이겨내자고 기도하네

야생화

소리 소문 없이 피었다가
꿋꿋한 자태를 뽐내고
자연으로 돌아가기까지

홀로이 서서 피는 꽃
외로운 한숨이 묻어나는 것은
내 마음의 발로일까

고된 삶을 견디고 피고 지고 시들어도
누구를 원망한 적 없는
꽃들

한자리에 뿌리 내리고
한 많은 세월 이겨낸
우리네 삶과 다를 게 무엇이랴

퇴직

퇴직하고서야 알았습니다
가을 하늘에 뭉게구름
두둥실 떠가는 모습이
얼마나 아름답고 신비로운지

재직 중에는
청명한 하늘조차
눈에 들어오지 않았습니다

가장의 책임 속에 묻혀
고단한 날들을 살아왔으니까요

뒤돌아보면 아쉬움 가득한 지난날
하지만 지금
오곡이 익어가는 들판
산세에 걸친 푸른 하늘은
너무나 빛나고 곱습니다

〉

솜털 같은 구름 사이로
상쾌한 마음이 스며듭니다
이 시원함과 행복
이제는 온전히 누립니다

나누며 사는 것

아침, 날개를 비비며
지저귀는 새 소리는
하루를 여는 인사

점심때 들려오는 노래는
함께 나누어 먹자고
건네는 따뜻한 메아리

저녁 지저귐은
긴 밤을 홀로 보내기 싫어
짝을 찾는 간절한 목소리

날아다니는 새도
우리네 삶도 자연의 어울림과 같아서
혼자보다는 함께 날 때 더 행복하다

낚아챈 먹이 작은 새에게 내어주듯

나누며 사는 것이
우리의 기쁨이다

날이 좋아서

오늘 아침
새들이 맑게 울어요
보안등 모서리에서
나를 보며 지저귀는 것 같아요

느티나무 단풍
숲속에서도 속삭여요

뭉게구름 맑게 흘러가고
너무 높아서 눈부신 하늘이
아름답지요

세상 모든 것이
너무 예뻐 보여요
그만큼 내가 행복하다는 것이겠죠

2부

진달래

간밤에 내린 빗방울
꽃잎 뒤에 숨긴
연분홍 자태 곱구나

그 물방울
한 사람이 남긴 눈물일까

만나지 못해도
가슴속 깊이 자리한 추억
생각만 해도 미소 짓게 하는 떨림

살아 있다는 것
지금 우리가 살아가는 기쁨

고운 입술 내민
정겨움이 반갑다

소나무

산비탈에
외롭게 서 있는 소나무

구부러진 나무는 제자리 지키고
잘난 놈은 베어져 어디론가 떠나간다

한자리 지키기까지
고난과 역경을 견딘 흔적 빛이 난다

못난 놈은 부모 형제 곁을 지키고
잘난 놈은 타국에서 사는 인생처럼

남몰래 삼키는 설움으로
소나무는 사철 푸르다

느티나무

마을 앞 고목나무
더 애틋함이 다가온다
묵묵히 계절을 품어내는 수호신

고향 찾을 때마다
미우나 고우나 변함없이
밝은 얼굴로 나를 반겨준다

봄은 연둣빛 새 잎으로
여름은 뜨거운 햇살을 가려주는 그늘로
가을은 붉은 단풍으로
겨울은 하얀 눈송이로

그 넉넉한 품 미소 짓게 하고
오가는 이들 언제라도 편안하게
당신께 반갑다고 인사한다

매화리 옛집

자꾸만 뒤돌아봅니다
그녀가 살았던 고향 집

머루와 다래 덩굴로 감싼 담장
울타리 밑에는
봉선화 분꽃이 곱게 피었습니다

손톱에 봉숭아물도 들이고
함께 뛰놀았던 뒤뜰엔
대나무 울타리가 서 있는 그 집

그냥 지나가는 것은
왠지 서운해 또 다시 돌아봅니다

꽃이 가득한 매화리
단발머리 소녀가 숨 쉬고 살았던
고향 집은 그대로인데

〉

지날 때마다 숨이 멎을 것 같은
꿈속 상상의 나래는 꿈틀대고

고갯길 넘어
산자락 농로 길 따라가면
엄마의 산소가 있고

고향 마을에 가면
세월이 흘러도 바래지 않는 그리움에
자꾸만 뒤돌아봅니다

젊은 날

푸르른 떡잎 싹 틔웠던 부모는
곱게 열매 맺어 활기찼던 시절
내 모습을 사랑스럽게 바라보았지

쉼 없이 달려왔고
그대를 만나 한 시절 풍미도 했었지
이제는 가슴 저린 날들

사랑이란 낙엽은 골짜기에 흩어지고
이슬 머금은 고목 위로 계절이 흐르고
생각도 변하고 긴 여정은 다시 시작되지

흘러가다 부딪쳐 멍도 들고
헤쳐 나가는 방법도 익혀가며
슬기롭게 극복했는데

변해가는 인생살이

머뭇머뭇 떠나고 나면

남는 건 결국 추억뿐!

식구들

맛있는 음식이
입에 들어가는 것을 보면
메마른 논에 물 스미듯
마음이 촉촉해져 즐겁고 좋았어요

가난했던 시절
가끔 기억나는 살림살이

엄마의 손끝이 한없이 그리워요
배고픈 자식들 위해 알뜰하게 살핀
정이 담긴 그 손맛

따뜻한 이불 깔린
아랫목의 뜨끈함

눈 덮인 초가집이
생각납니다

억새꽃 날릴 때

하얀 억새꽃 흩날릴 때
만나자고 했습니다

푸른 하늘 냇가에 서서
꽃이 날리는지
가까이 대고 불어봅니다

지금 피기 시작한 꽃술은
너무 싱싱해 날리지 않아요
그래도 입술에 대고 호호 불어보지만
갓 핀 꽃술은 웃기만 하네요

억새밭에 놀러 온
산비둘기는 나를 보며
더 기다려야 될 것 같다고
구구 울어대네요

물속 이야기

물속에는 어떤 이야기가 있을까
흐르는 물살은 어떤 사연을 안고 있을까

묻어두었던 마음 어루만지며
속삭임조차 나누지 못한 채
흘러가는 물살 속에 묻어두네

자잘자잘 흐르는 소리뿐
답은 없고 바라보는 마음만
허공에 흩어져 적막해지는데

어디 계시다가
혹시나, 물과 함께 오실까

물소리에 맞춰 심장 뛰는 소리
그 울림대로 지금껏 기다려온 우리 이야기
다시 살아와 나를 감싸 안고

〉

깊은 산에서 내려오는 계곡 물소리
어깨 두드려주듯 노래하며
지친 몸 일으켜주네

물의 여정

백두산 천지 깊은 물속
뽀롱뽀롱 샘물 솟고
바람과 비, 눈이 녹아
하나 된 푸른 연못

장백폭포에 이르면
두려움, 무서움, 설렘을 안고
떨어지는 물길 따라
아픔도 스며든다

흐르다 보면
따뜻한 온천수도 만나고
첫걸음 힘겨웠지만
자작나무길, 미인송 숲을 지나
새로운 세상 부딪치고
멍이 들며 길을 배운다
〉

힘이 부치면
가장자리 떠도는
구멍 난 낙엽과 이야기 나누고

조금씩 불어난 압록강 따라
고단했던 삶을 노래하다 보면
서해 앞 바닷가
더 넓은 세상에 닿아

지나온 길 회한을 풀고
넘실거리며 춤을 춘다

낮달맞이꽃

덤불 풀숲에서
눈에 띄는 꽃이 있어요
어디서 많이 본 꽃이랍니다

구름도 달님도 바람도 햇살도
연분홍으로 물들이는 꽃
내 가슴에 숨겨 놓았던 꽃입니다

휘영청 달 밝은 밤에도
숨바꼭질 하면서 놀았던 추억
나만의 아름다운 얼굴로 남아있지요

추워지면 나를 떠나보낸 사람처럼
온몸이 녹아내려 사그라지고
내년에 다시 찾아와야 한다고

그리운 발자국 남겨놓고

다시 찾아오시는 길 잃지 말라고
약속합니다

부족한 사람

하천변 걸을 때마다
먹이 찾는 새
공중을 휘젓고 지나간다

흐르는 물결에
욕심에 눈 돌렸던 날도 멀어지고
세상에 빛지지 않으며
소박하게 살아야 한다고

모진 비바람 지나면
꽃과 나무와 함께한 시간
맑고 향기로운 기운으로 채워야 하는데

나는 너무 부족한 사람이어서
마음만 가득하다
아직도 결핍이 많은 걸까
언제쯤 비워질까

하늘 꽃구름

햇살이 번지자
나 혼자 보기에는 너무 아름다운
사랑의 꽃구름 피어나요

햇빛에 기대어 맨발로 걷다 보니
한 발짝 옮길 때마다
뒤따르는 그림자

그 속에 떠오르는 사람도
붉게 피어난 꽃이 되네요
울타리 밖으로 얼굴 내민 넝쿨장미처럼

혼자 걷는 길
외롭지 말라고 위로하는가요
나를 위해 함박웃음으로 피어 있나요

어둠이 번지는 방

창가에 비친 불빛
그림자 생겼는데

등 뒤로 기대선 벽은
왜 이리 차갑고 쓸쓸한가요

늦은 밤, 어둠은 캄캄하게 번지는데
누구의 발걸음인지 무겁게
질질 끌리는 신발 소리만 들려요

상쾌하지 못한 날들
처량한 마음은 별빛 사이로
뒹구는 낙엽 위를 거닐어요

꺼지지 않는 가로등 벗 삼아
흥얼거리는 노랫속
기다린다는 다짐 일렁이네요

〉

그날이 오지 않아도

내 진심만은 알아봐 줘요

봄은 온다는데

나는 그동안
글을 읽지도 쓰지도 못하고
시간만 보냈어요

기다리는 아픔 너무 힘겨워
헝클어진 마음으로 혼자서 방황했어요

멍하니 바라보는 하늘 구름
무표정하게 흘러가는 시간
이 하루가 너무 싫어요

사랑했어요
사랑해요

군무를 이루며 날아가는 철새들에게
소식 전해 달라던 애달픈 겨울도 지나고
봄은 온다는데

번뇌

대웅전 문짝 위
조각칼로 다듬은 연꽃
그 문양 속에
우리네 번뇌가 서려 있네

과거에 얽매인 삶도 슬펐고
앞으로 헤쳐 나갈 길도 험난하지만

오목한 무늬로 새겨지고
색 따라 마음 따라 달라지는
번뇌들

마음은 능수버들 가지처럼 흔들려도
잡고 싶은 꿈 하나
늘 품고 살아간다

아시나요

고갯길 넘으며
살아야 하는 고행
마음의 깊은 상처

혼자였다면
모든 설움 잊고 사는데
내 가슴에 묻은 수많은 사연들
보듬고 보듬으며 살아갑니다

발걸음 닿는 데로 걸어온
부둣가에 앉아 내 모습 바라보자니
연민으로 가득한 시간들
놓칠 수 없다는 듯이 다가오네요

행복을 알려준 꽃
먼발치서 바라만 보아도
아름다운 그대여

〉

무엇을 바라고
무엇을 얻으려 하지 않아도
그저 곁에 있어 주는 것만으로
삶은 숨결을 되찾고
고귀한 생명은 빛이 납니다

아시나요!
바위에 앉아 내려 보던 푸른 바다
기뻐했던 날들 잊지 않고
그 느낌 그대로 간직합니다

숨길 수 없는
인생의 길 위에서

발원지

골짜기 모래알에서 봉봉 솟구친
맑은 물 실 가닥처럼 시작되고

같은 마을 샘물들이
방긋방긋 토해낸 물길 따라
내가 놀던 냇가에 닿는다

돌고 도는 인생 이곳저곳 기웃거리다
여러 친구들 모여 강물 따라간다

굽이굽이 휘돌아
거친 물살 헤쳐가면
어느덧 영원할 것 같은 인생도 저문다

주어진 환경에 몸을 맡기고
놀다가 흘러간다

사랑은 물들어 가는 것

눈이 내리면
움츠린 옷깃 사이로 찬바람 스미듯
우리의 사랑도 물들어 간다

가을 단풍이 곱게 쌓이는 자연의 멋처럼
우리의 사랑도 물들어 간다

여름날 백사장에 남긴 발자국
파도에 지워지듯 스며드는 기억
우리의 사랑도 물들어 간다

봄날 연둣빛 떡잎이 새로운 삶을 꿈꾸는 것처럼
우리의 사랑도 물들어 간다

기쁨, 행복, 사랑, 보살핌, 배려
이 모든 게 자연의 순리에 맞게
우리의 사랑도 물들어 간다

개여울 무지개

개여울에 핀 무지개
동무하자고 손짓해요

물안개 핀 물결 따라
어깨동무하자고 해요

놀다가 지쳐서 발길 돌리면
안 된다고 동동 뛰어요

떠난다면 얼굴 붉히며
잡을 수 없는 게 정인가요

오랜 시간 갯가 바위에 앉아
섭섭한 눈물 흐릅니다

3부

귀뚜라미

산 너머 저 멀리까지
메아리쳐 들리나요

아침에 뜬 햇살이
밤에는 둥근 달님으로 바뀌고

어둠이 짙어질수록
창문 넘어 소리 들리면
가만히 귀 기울여 봐요

귀뚜라미로 변신해
당신의 머리맡에서 울어요

울거든 다독여주고
따뜻하게 안아줘요
힘들어하지 말라고요

가을밤

높은 하늘 반짝이는 별
들풀 사이 벌레 울음소리
서러운 마음 비춰준다

숨기려 해도 감출 수 없는
당신 앞에서 그리움 한숨처럼 새어나온다

아름다운 세상
꿈을 품고 살아가도
어깨 위에 무거운 짐
지켜줘야 할 마음자리
초라하게 떨린다

외로워 말라던 당신 목소리
가을 하늘처럼 높고 깊이 울린다

아버지!

한 사람

쓸쓸히 걷는 발걸음
남모른 사연 가슴에 묻고
어디론가 떠나려는 사람

간절한 기다림으로
그리워 그리움으로 생각을 후벼 파는
그림자 찾아 떠난다

찬바람 불고 갈대 휘날리는 삼각지
모래톱에 흔적을 남기고
서성이는 마음

서럽고 서러워도 언젠가는 함께하리라
믿음 갖고 또 기다린다
인생이란 게 다 그렇게 여문다

삶은 길고 행복은 짧다

삶이 고통이라면
아름다웠던 시간들을 떠올려 보세요

처음은
두려움과 설렘으로 시작하지만
그것은 잠시
치열한 삶이 그 자리를 채웠고
시련도 있었습니다

시간이 흐를수록 단단해지는
내 모습, 어쩌다 보니
변해도 너무 변해있는 나 자신이
싫어질 때도 있습니다

고통 없는 인생이 어디 있습니까
삶의 훈장처럼 나타나는
주름살처럼

변하는 게 인생

하지만 마음만은 청춘이니
잠깐 머무는 기쁨 맘껏 누리세요
머뭇머뭇하다가는
행복은 멀어집니다

거리에서

거리 유리창에 비춰진 내 모습
누군가를 기다린다는 기쁨보다
쓸쓸함이 깊어만 가는
저물녘

서서히 켜지기 시작한 가로등 불빛
하루가 깊어간다는 것은 또 다른 모습
덧없이 시간은 흐르고
타인들은 왜 그리 바쁘게 오가는지

커피숍마다, 식당마다
마주하고 있는 사람들의 함박웃음
지난날 추억도 새록새록 떠올라
옷매무새를 고칩니다

낙엽이 뒹구는 쓸쓸한 거리
만남을 약속한 사람

생각만 해도 미소 짓게 하는 사람
밤하늘 별빛으로나 오실까요

갑천변에서

간밤 이슬에 흠뻑 젖은 억새
무게를 이기지 못해
고개 숙이더니

해가 뜨는 방향으로
일제히 얼굴 들고 햇살을 맞이하네요

일렁이는 물결 따라
나를 버리지 않고 따라와 준 햇살같이

손 내밀고 잡아준 사람
다정한 말 한마디
고맙고, 감사했어요

우리만의 고마운 세상살이
꽃길만 이어질 거라 믿으니
나는 외롭지 않네요

내게 오시려거든

사모하는 가슴앓이 아신다면
먼 길 냇물 건너 산길 넘어 오시려거든
마음잡고 천천히 오세요

굽이길 걷다가 지치거든
정자에 앉아 파릇하게 돋아난 연둣빛 순결함 보시고

햇살이 뜨겁거든 푸른 그늘 쉬어오시고
계절이 지나거든 붉은 단풍놀이 하시고
첫눈 내린 달빛 보고 오시면 밝고 더 좋아요

기다림에 지쳐 얼룩진 얼굴과 초췌해진 모습
불쌍하다 하지 말고 구박하지 마세요
나는 기다리는 동안 그냥 좋았거든요

가슴 먹먹하거든
그대에게 기댈 수 있게 해 줘요

인생살이

꺾일 듯 가녀린
꽃나무 가지

누가 보면 수줍어 볼만 빨개지더니
한 해 지나 꽃 피운다

비 맞고 바람에 흔들리고
눈 속에 묻혀도 꿋꿋한 모습

세상에 나와 온갖 설움 이겨내고
수많은 사람 만나 기쁨을 주고 사랑도 받았지만

시간이 흐르고 계절이 바뀌며
점차 단단해지는 꽃나무처럼

인생이 서럽고 애잔해도
더 오래 바라보라고

〉

행복은 가까이 있다고
활짝 피워 웃는다

브로치

내 앞에 서 있는 사람 가슴에
밤새 별님에게 부탁해
반짝이는 브로치를 수놓았습니다

통통 뛰는 심장 위에
곱게 달아주니
밝은 웃음으로 답해 주는 사람

흐르는 달빛 비추어보면
눈부셔 바라볼 수 없을 만큼
곱고 고운 사람

힘든 일이 찾아오면
굳세게 이겨내자고 다독여주고
조용히 귀 기울이는 숨소리마저도
맑고 아름다운 사람
〉

별빛 반짝이는 밤
사무치게 그립습니다

스치는 바람마저 훈풍인 것은

나의 기쁨은
뭉게구름 사이 초록 하늘
그곳에 비친 당신 얼굴입니다

맑게 웃는 모습
나도 덩달아 미소 짓지요

깊어 가는 밤
빛나는 별이 가슴 저리게 하지만
내일이 있어 더욱 좋습니다

아침 햇살 맞으며
당신을 마중 나갑니다

스치듯 지나가는 바람마저 훈풍인 것은
내 가슴 한편에
당신이 피워 놓은 꽃 한 송이 있기 때문입니다

〉

삶은 맴돌지만
기다리는 당신이 있어
하루를 여는 발걸음이 가볍습니다

가려거든

낙엽 한 장, 두 장
내 가슴에 켜켜이 쌓아놓고
무심히 떠나려 하십니까

살얼음 걷듯이
세월에 묻혀버린 길
지나온 사연 속에
숨겨놓은 우리의 사랑
그 흔적 어찌하고 가시렵니까

물결 따라 흐르는 게 세월이지만
사랑이라면,
숲속에 작은 집 짓고
떠나지 못하게 붙들어 놓고 싶습니다

둘이서 함께 넘어야 할 고개도 있었고
힘들게 오른 정상에서 오순도순

행복을 나눈 적도 있었습니다

그러나 언젠가는
떠나야 하는 순간이 오고
지금이 우리의 정점이라 생각하니
나는 오늘도 사랑밖에 할 줄 아는 게 없는
바보인가 봅니다

나는 못 보냅니다
가려거든 나를 밟고 넘어 가세요

두 볼을 타고 흐르는
그 행복한 순간들
눈웃음 짓던 당신
나는 사랑밖에 몰랐습니다

간절한 밤

구름 한 점 없는 하늘
깜박이는 별님, 초조한가요
밝지가 않습니다

다가서지 못하는 마음
떨리고 아픈가요

아침이면
이슬과 함께 사라지는 별처럼
그리운 마음도 흐트러진 채
밤새 뒤척입니다

수줍게 반짝여도
그 마음 변치 않기를
두 손 모아봅니다

눈이 오면

소복이 쌓인 눈을 밟으며
떠난 자리 다시 찾아오라고

그곳 잊지 말고 찾아오라고
소나무 가지 꺾어 놓았던 길에서
가슴 졸이며 기다려요

떠난 자리는 늘 외롭고 쓸쓸합니다
눈 오는 날 가슴 설레며 기다리는 모습
나는 알지만 당신은 모르죠

기다리다 지쳐 고드름이 되어
딱딱한 멍울로 굳어지면
그리움은 다시 낳을 수 없습니다

어서 오세요

떠나가는 배

소쩍이는 새들이
창공을 나는 건 자연스러운 일인데
왜 나는 이 자리에서
발을 붙인 채 서 있나요

나는 묻고 싶어요
그렁그렁한 눈망울로
애써 웃으며 떠나는 사람아

밀려오는 파도 소리
온몸으로 막아내는 잔자갈도
가만히 있으면 무상무념이지만

흰 포말로 울어대는
아픔을 알거든 돌아와요
기쁨을 주고 가요

훌쩍 떠나는 배에
몸 싣고 가는 그대여

인생의 끝자락
아쉽고도 아름다운 이 자리에서

비익조

돌무덤 꼭대기 앉아
동트는 해 붉게 물들면
눈물처럼 떨어지는 빛

혼자서는 날 수 없는
기구한 운명

따뜻한 날 온다고 했던
그 시간만 기다리다
혹 오지 못하면 이대로 끝인가

두 손 모아 기도하는
간절함 아신다면 오시길
날지 못하면 걸어서라도 오시길

몸과 열정 함께 묶고
사계절 따라 건너지 못했던 꽃길

우리 한 몸 되어

날아가자

행복의 리듬

우리 둘
하모니 맞추어 노래해요
귀뚜라미도 함께하는
빛나는 밤

우리 둘
오늘 밤은 주인공 되어
서로 손 마주 잡고
라틴 음악에 몸을 맡겨요

우리 둘
어제의 힘든 일은 잊고
행복을 향해 나래를 펴요
우리의 영혼은
모든 것을 받아줄 힘이니까요

길을 나서며

목적지 없이 길을 나선다
가보는 데까지 가보는 거야

푸르름 가득한 산도 좋고
흰 거품 일렁이는 바다도 좋아

맨발로 모래밭 걸으며
먼 수평선 하염없이 바라보는 거야

거기, 문득
내 발자국 따라 뛰어오는 사람

그림자만 보아도 행복한
그 사람 만날 수도 있으니까

4부

겨울 사랑

얼음 속에 갇힌 나뭇잎
감옥에 갇혀 지내는 겨울 사랑

버들강아지 돋아나는 새봄이 오면
자유의 세상이 온다고

기다리는 행복으로
얼어붙은 마음에 입김을 불어 넣는가

동백꽃

남쪽 바닷가
한겨울 움츠린 발걸음 멈춰
붉게 물든 꽃처럼
미소 짓네

당신이 주신
한숨과 눈물
가슴속에 스며들어
붉은 영혼이 되네

아기 숨소리

잠자는 갓난아기
내 가슴에 안고 있자니
꽁닥 꽁닥 뒤는 심장
고스란히 와 닿는다

신비스럽고 아름다운
말로 표현하지 못할 것 같은
아기 숨소리

마술에 걸린 듯
온몸을 감싸는 전율

내게로 온
작고도 깨끗한 숨결 속에서
생명의 신비로움을 느낀다

소망

내가 놀던 앞산
석양 노을 마중 나가고
계절 따라 시간 맞추어
오르내렸던 젊은 날들

삶은 가난했으나
붉은 햇살처럼
내 가슴 뜨겁게 타올랐고
마을 어귀 큰 나무에 올라
소박한 꿈을 그려 보았다

떡잎, 돋던 봄
푸르름 가득한 여름
단풍 지던 가을
하얀 눈 덮인 겨울

계절마다 웃고 울며

내 어린 날의 희망을 새겼다

이제는
엄마의 간절한 소망을 이루며
나는 살아간다

성공한 인생
— 결혼 40주년에 부쳐

비 갠 하늘 맑고 푸른데
뒤돌아본 길은 뒤엉킨 발자국

젊은 날 만나
투정만 부리며 살아온 세월

미안하다는 말도 못 하고
갖고 싶어도 말하지 못한 날들

아픈 곳 많은 나이 되어
이제야 등 두드려 주고 싶어라

툭 던진 말들 속에
애잔함이 묻어 있었음을 이제야 아네

그래도
아이들 자란 모습 보며 웃고

〉

서로 위로하며 살아왔으니
우리는 성공한 인생이지

라디오

세상에서 가장 큰 건전지
상자 속에 담아두면
전파를 타고 음악도 세상 이야기들도
가슴을 후벼파듯 찾아왔다

방바닥에 엎드려
노랫말 적던 소년은
흘러간 노래의 추억만 간직한 채
하얀 할아버지가 되었다

손주들의 바보가 되어
되돌릴 수 없는 인생의 막차처럼
바람 부는 대로 노래를 부른다

사는 동안
무엇을 얻고
무엇을 잃은 것일까

〉

때로 힘들고 때로 행복했던 생
보이는 대로 살다가 가고 싶다고
나지막이 노래를 부른다

친구야

학창 시절 함께했던 날들
검은 교복 입고 웃음꽃 피우며
여름이면 냇가에서 발 담그고
간혹은 한적한 저수지에서 낚시하며
깊은 우정을 나누기도 했지

이제 너는
내 곁을 떠났구나

너의 아내와 나의 아내가
서로 부둥켜안고 소리 내어 울 때
나는 그저 먹먹해
뒤돌아 눈물을 삼켰네

불편한 몸으로도
나를 위로해 주던 너
〉

뭉실이 언니 집에서
한잔 기울이며 나누던 이야기
그 순간들이 그리움이 되어버렸네
장지에 널 묻고 돌아서며
바라본 하늘, 너를 향한 서러움만
날로 커져 가는구나

부디, 유순한 바람 소리 속에서
들꽃 향기 따라
맑은 영혼으로 편히 쉬게나
나의 친구야!

물망초

파랑 파랑

겹 없이 둘이서 걸었던
추억 고요히 물들었어요

이슬 맺힌 눈물 떨구고
밝은 햇살 맞으면
더 활짝 웃겠죠

당신을 가슴에 묻고
복받치는 설움 여기에 풀고 갑니다

하지만 길게 슬퍼하지는 않을게요
어디에 계시든
잊지는 말아요

나도 잊지 않을게요

나는 누구인가

황혼이 물든 물결 따라
일렁이는 가슴
벅차올라 발걸음 멈추고 서 있다
나는 누구인가

떠도는 바람, 눈가에 맺히는 이슬
언젠가는 떠나야 하는 우리만의 약속을 떠올리는
나는 누구인가

말로는 표현 못하는 벙어리 가슴
맥박은 애타게 올라가고
뛰지 않아도 쓰러질 것 같은
나는 누구인가

묻고 묻고 되묻고, 설 자리 찾지 못해도
가슴 뜨겁게 웃는 날을 그려보는
나는 누구인가

늙는다

초겨울 비가 내린다
초초함보다 외로움이 깊게 패인
이마

쓸쓸함을 털어버리고
옷깃을 여미며 걷는다

낙숫물 떨어지는 지붕 밑
패이다 패이다 작은 웅덩이를 이룬
흔적은 상처인가

세월은 말없이 흘러간다
말없이 깊어간다

그믐밤

늦은 밤, 안개 자욱한 거리에서
서성이며 뒤돌아보고 또 돌아보고
그림자도 없는 캄캄한 외로움

가로등 등불에 의지한 채
어디로 가는지 한해가 또
그렇게 흘러가는데

붙들어 놓고 싶어도
뿌리치며 가는
무정한 세월

그 속에 묻혀 사는 나
밤하늘을 떠도는 아쉬움에 젖어
발길 닿는 데로 걷는다

나는 간다

이 세상 등지고 가신다면
옛 생각은 잊고 오세요
떠나는 몸 서러워도
이제는 다 가슴에 묻고 살렵니다

아픔도 아쉬움도 묻어두고
북망산천 건너 당신을 만나면
무슨 말로 위로할까
그저 바라만 보다가 안아줄 테지요

늦게 와서 미안하다고
조금만 더 살아보자고

내가 살아온 세상은 참 힘들었지만
자식들의 깊은 사랑 속에 버티었고
행복하다고 말하지 못한 게
한으로 남지만

〉

앞이 보이지 않는 먼 여행
긴 별빛 속으로 걸어가
먼저 가신 당신을 찾아
은하수 역 앞에서 기다립니다

지상에서 누렸던 기쁨도
행복했던 모든 순간들도
피를 나눈 자식들에게 남겨두었으니
이보다 더 깊은 정은
세상 어디에도 없더군요

나는 갑니다
불의 영혼이 되어
당신과 자식들을
영원히 지켜주려 합니다

잔잔한 미소

세상사 말 못 할 사연
가슴마다 하나씩 품고 살지요

말 한마디 못 하고
벙어리처럼 지낸 세월에는
세상의 이치가 있어요

평양 기생 계월향은
전선에 나간 서방님의 무사귀환을 빌며
한겨울에도 찬물로 씻었다지요

가슴에 차오르는
그리움을 참고 또 참으며

참다 보니 세월은 허무하게 흘렀고
세상은 차가운 공기 같아
남모르게 우는 날도 있지요

〉

살다 보니
단풍이 물들 듯 나도 나이 들어가네요
마음은 여전히 청춘인데
어느 날 홀연히 떠나는 날도 오겠죠

지난날 좋은 추억으로 웃고
가족, 친구들에게 행복하라고

미소 짓고 떠나는 게
나의 여정이고 꿈입니다

윤슬

그대를 만나면 행복해요
같이 밥 먹고 이야기 나누고
환하게 웃어주는 얼굴 밝아서 참 좋아요

숨겨둔 내 마음을 알아봐 주는 사람
가슴이 뛰어도 참고
잔잔한 미소를 머금는 그대가 좋아요

천천히 걸으며 나누는 이야기
자연스럽게 이어지는 하루
힘들어도 용기를 주는
따뜻한 말 한마디가 참 고마워요

살며시 머릿결을 쓰다듬고
수줍게 나눈 첫 입맞춤
윤슬이 반짝이는 호수처럼
마음이 설레던 순간

〉

삶의 끝자락에서도
내 곁에 있어 줘요
노래 부르며 행복하다고 말해 준다면
그보다 더 바랄 것이 없을 거예요

하늘나라

꽃향기 피어나고
벌, 나비 찾아들면
가슴 아픈 사연 다 묻어두고
나는 꽃 속에 누워
하늘로 놀러간다

고단했던 삶
모두 다 내려놓고
눈물도 메마른
나는 꽃 속에 누워
하늘로 놀러간다

이 세상에서
마주했던 모든 인연들
뜨거웠던 연민도 소중히 보듬으며
나는 꽃 속에 누워
하늘로 놀러간다

〉

내 곁을 지켜주던 이들
함께한 사람에게
행복했다고 전하며
나는 꽃 속에 누운 빛이 되어
하늘의 품에 안긴다

남겨두고 있어요

하고 싶은 이야기가 너무 많아요
우리만의 따뜻함 전하지 못한 아쉬움
고마움이 마음속에 머물러 있어요

흐르는 별빛 속에도
부딪치지 않으려 애쓰는 우주의 순리가 있듯
우리의 빛나던 시간도 자꾸 떠오르고
정성껏 보살펴 주던 추억도
그저 눈빛 속에 남아 있어요

아픈 곳은 없는지
속상한 일은 없는지
그 관심 속에 살아온 날들
문득 남몰래 눈물도 훔쳐요

그 모든 것
내 안에 조용히 남겨두고 있어요

하늘 여행

이슬 머금은 구름이 내려와
내가 누워있는
산자락까지 감싸 안겠지

새로 장만한 집으로
자식들 누군가 찾아와도
잘 살았냐는 안부도
어깨도 두드려주지 못하고
나는 바람이 되어 맴돌기만 하겠지

먼저 온 부모 형제들과
함께하는 평안이
깃들기도 하겠지

하늘 여행은 그런 거겠지

방류

대청댐 수문이 열리자
세찬 물줄기 여수로 타고 흐릅니다

너무 많이 품으면
결국 토해내야 한다고

넘치지 않게 알맞게
가질 줄 아는 지혜

마음도 강물도 가볍게
떠나야 한다는 것을 압니다

귀로

떠났던 자식이
엄마 하고
대문 열고
들어올 것만 같습니다

살아온 세월만큼이나
눈물의 고개
이겨내고 넘어왔지요

지금은
지긋이 동구 밖을 바라보는
고요한 평화만 남았습니다

귀로의 끝에서
당신을 위해 피는
한 송이 꽃으로 남겠습니다

〈축시〉

공공장소

손녀 김규리

마트에는 사람이 와글와글

병원에 가면 아기들이
주사 맞는다고 으앙으앙

도서관에는 사서 선생님이
책 넣느라 우왕좌왕

공원에는 사람이 이야기한다고
재잘재잘

기차역에는 기차가 쌩쌩

박물관에는 사람이 조용조용

경찰서와 소방서에는
출동한다고 북적북적

심 지 시 선

001	눈부신 먼지	안수환 시집
002	눈물 밥 한숨 잉걸	김경훈 시집
003	아름다운 탁발	이은자 시집
004	유령들	이정섭 시집
005	엄마의 흰 펜	이순이 시집
006	아고라	김희정 시집
007	임자도 인어	이전구 시집
008	봄날 아침부터 가을 오후까지	김석교 시집
009	깊이 들여다 보다가	홍순갑 시집
010	각시붓꽃 목에 슬픈 낮달이 뜨다	김나인 시집
011	구멍	김성주 시집
012	시비 걸기	김명자 시집
013	봄 봄	채명룡 시집
014	청산별곡	김흥수 시집
015	그대 가는 길	장명훈 시집
016	그 사람	안수환 시집
017	낮술	김상배 시집
018	선물	심장근 시집
019	희망교를 건너며	한 수 시집
020	카르마의 비	김석교 시집
021	가로로 부르는 노래	반영동 시집
022	동행	전해윤 시집
023	파랑주의보	임동주 시집
024	저 빗소리에	김순선 시집
025	뼛속으로 내리는 눈	박헌오 시집
026	푸른 거목에 피는 꽃들	오용균 시집
027	소설 무렵	김세홍 시집
028	홍시 얼굴	전의수 시집
029	사랑은 가슴이 먼저 안다	정진명 시집
030	물은 물같이 흐르고	박진용 시집